GÉNÉALOGIE

DES SEIGNEURS DE GUIGNARD DE SAMOIS, DU LEYRITZ ET D'ARBONNE,
VICOMTES DE SAINT-PRIEST, DUCS D'ALMAZAN, GRANDS D'ESPAGNE, ETC.

# GÉNÉALOGIE

DES SEIGNEURS DE GUIGNARD DE SAMOIS, DU LEYRITZ ET D'ARBONNE, VICOMTES DE SAINT-PRIEST, DUCS D'ALMAZAN, GRANDS D'ESPAGNE, ETC.

Le nom de Guignard a été celui de plusieurs familles d'ancienne chevalerie, ainsi qu'il appert évidemment des Chroniques et des Cartulaires de Bretagne, de Bourgogne et du Sennonais. Dom Lobineau mentionne Jehan de Guignard, Chevalier breton, qui vivait à la fin du XIIe siècle. L'ancien Obituaire de l'abbaye du Tronchet marque au mois de janvier 1262, la mort de Jehan, Seigneur de La Roche-Guignard et Châtelain de Guignard-sur-Rance, lequel est qualifié dans le même obiit, *Potens vir* et *Prenobilis Miles*. Dom Morice, historien de la même province, nous a conservé le sceau privé de Jacquemet ou Jamet de Guignard, qui vivait en 1340, et qui s'armait de *trois chevrons d'argent en champ d'azur*. Les chroniqueurs bretons parlent encore de Daniel Guignard, Chorévêque de Dol en 1383, de Jehan Guignard, Écuyer, qui se trouve cité dans l'histoire du Connétable du Guesclin, ainsi que de Hugues de Guignard qui parut à la montre de cent lances par François Châtelain de Pontbriant, en 1481. On voit par les registres provinciaux et par les armoriaux du même pays que le rameau capital ou la branche aînée de cette ancienne maison ne subsistait plus en Bretagne en 1666, époque où l'on appliqua l'édit des recherches afin d'opérer la maintenue ou la réformation de la noblesse de France. Les Bollandistes ont parlé aussi de Martine, Dame Douairière de Guignard, *Domina dota relicta de Guynardo;* mais on ne saurait dire à quelle famille elle appartenait, ni quelle était précisément l'époque de ses donations au prieuré de la Vieilville. On peut estimer seulement que c'était vers le milieu du XIIIe siècle, attendu que la fondation de ce monastère ne paraît devoir remonter qu'à l'année 1243.

Il existe à l'embouchure de la Rance et presque en face de la ville de Saint-Malo, une forte bourgade anciennement appelée Guinart, Guignard ou Guidinart. Ladite paroisse, qui se nomme aujourd'hui Dinard, dominait autrefois trois autres seigneuries, et relevait féodalement, *sans mitoyen seigneur*, de la Comté de Penthièvre, ainsi que la Châtelainie de Pontbriant. Il y a plusieurs raisons de penser que c'était la même seigneurie de Guinart ou Guignard qui avait fourni primitivement à ladite maison son nom patronymique.

Les Goësnard de Kernisaël, Seigneurs de Transleven et du Liscouard-en-Penthièvre, avaient évidemment la même origine, attendu qu'ils portaient précisément les mêmes armoiries que celles de Jamet de Guignard, c'est-à-dire *d'azur aux trois chevrons d'argent*, ainsi qu'on les voit blasonnées dans le recueil de Dom Morice. Tout porte à croire que les Seigneurs de la Fresnière, de la Tremblaye, de la Salle-Guibert et de Germonde en Poitou, qui portaient le nom de Guignard et non plus de *Goësnard* ou *Guinart* en 1669, époque de leur arrêt de maintenue, avaient obtenu de leurs premiers souverains, les Ducs de Bretagne, et ceci depuis leur séparation de la souche commune, une honorable concession, car les *trois chevrons* de leurs armes se trouvaient *chargés d'hermines,* ainsi qu'il appert des armoiriaux du temps; et comme la concession des hermines, armoiries ducales de Bretagne, équivalait dans le même pays à la concession des fleurs de lys en France, elle n'avait pu s'effectuer qu'à titre de récompense, à la suite de quelque haut fait d'armes, ou d'une autre action d'éclat qui pût motiver cette illustration. La filiation de ce rameau, qui sortait de la branche de Kernisaël, remontait, par actes produits, jusqu'à Yves de Guignard, Chevalier, Co-Seigneur de Guignard-sur-Rance, lequel assistait au mariage de son arrière-petit-fils, Jehan de Guignard, ou *Guïnard,* en 1496.

On se contentera de mentionner ici les Seigneurs de Manoille en Franche-Comté, et les Châtelains de Tournoël et de Bessaudun en Auvergne, qui portaient aussi le nom de Guignard, mais qui n'ont jamais revendiqué la même origine. Leurs armes différaient essentiellement de celles des Seigneurs de Guignard en Bretagne, ou des Guignard d'Arbonne en Gâtinais de qui sont issus les Vicomtes de Saint-Priest, lesquels se sont toujours armés des mêmes chevrons d'argent en champ d'azur, ainsi qu'il résulte d'un grand nombre de documents cartulaires et de plusieurs monuments lapidaires ou métalliques. Il est à considérer que les mêmes Guignard, devenus Seigneurs d'Arbonne en Gâtinais, ont toujours conservé la tradition d'être provenus des anciens Seigneurs de Guignard en Bretagne, et comme on les trouve établis très noblement dans le même pays de Gâtinais dès le XIIIe siècle, on voit que cette mémoratiou filiative avait plutôt le caractère d'une transmission paternelle que celui d'une prétention superflue de la part de leurs descendants, lesquels ont simplement hérité de cette tradition qui ne pouvait alors être pour eux d'aucun profit nobiliaire ou généalogique.

On a pensé que Robert de Guignard dont il est question pour le premier degré de la filiation des Seigneurs d'Arbonne, Vicomtes de

Saint-Priest, et qui se trouve cité dans la vieille charte ci-dessous mentionnée, avait pu quitter la Bretagne à la suite du Prince Pierre, et qu'il avait dû s'établir et se marier en Gâtinais après les fiançailles de son maître avec la Palatine Marie, à qui l'on avait assigné pour dot les trois Seigneuries de Brie-Comte-Robert, du Gâtinais et du Hurepoix, en échange de ses droits sur les Comtés du Perche et du Vexin.

Quoi qu'il en soit de cette opinion qui paraît vraisemblable, en considérant surtout les usages du temps pour un déplacement suivi d'un établissement seigneurial en pays étranger, voici le premier degré de cette filiation comme elle est fournie par les mêmes documents imprimés ainsi que par des Chartes aux Archives du royaume, attendu que celles du château de Saint-Priest ont été voiturées et brûlées à Lyon sur la place des Terreaux, le 24 septembre 1791, avec celles du chapitre et de l'ancienne prévôté de Lyon, par la main du *ci-devant bourreau*, suivant le programme de la fête et le procès-verbal de cette exécution révolutionnaire. (*Voy*. tous les journaux de ladite année.)

Ier Degré. — Robert de Guignard, Chevalier, Seigneur de Samois, et du Leyritz en Gâtinais, lequel avait légué par testament la propriété d'un vignoble sis en son domaine seigneurial du Leyritz, à l'église paroissiale de Samois, et comme la même seigneurie relevait directement de la couronne de France, on verra dans l'article suivant, que Simon de Guignard fils de Robert, obtint du Roi Charles-le-Bel la confirmation du legs de son père, en l'année 1325. Comme le Roi reconnaît dans la même charte, à Robert de Guignard, la qualité de *Chevalier défunt*, et comme Simon son fils était déjà pourvu de la qualification de *Damoiseau* dès l'année 1312, ainsi qu'on le dira plus tard, il en résulte infailliblement que Robert de Guignard avait dû naître avant l'année 1250, et qu'il pouvait être fils de Jehan Seigneur de La Roche et Châtelain de Guignard en Bretagne, lequel était mort en 1262, ainsi qu'il est inscrit au Nécrologe de Tronchet. Il appert de plusieurs autres actes aux archives du royaume que Robert de Guignard avait eu pour unique héritier le fils qui suit.

IIe Degré. — Simon de Guignard, Chevalier, Seigneur de Samois en Gâtinais, du Leyritz et de Fontaigu-sur-Marne. En l'année 1312, il obtint du Roi Philippe-le-Bel un acte de confirmation possessoire pour son domaine seigneurial de Fontaigu qui mouvait du château de Brie-Comte-Robert, devenu le chef-lieu de la Brie Française. Simon de Guignard reçoit du Roi la qualification de *Domicellus* ou Damoiseau, dans cette même charte qui est datée de Fontainebleau, document qui fait partie des archives du royaume, registre 48 du *trésor des chartes*, section hist. et pièce VII, XX, IX. Par un acte postérieur et daté de Poissy au mois de mars 1325, lequel acte se trouve également aux mêmes archives et trésor des chartes, reg. 64, pièce vi, il appert que Charles IV, Roi de France et de Navarre, accède à la donation faite aux religieux du prieuré de Samois, par le *défunt Chevalier* Robert de Guignard, et qu'à la prière de Simon de Guignard, fils de Robert, il garantit la possession du vignoble du Leÿritz, au prieur dudit monastère, à perpétuité pour ses successeurs et sans empêchement, impédiment, ni contestation des justiciers ou financiers royaux. Il résulte du verbal de la même charte que la confirmation royale était nécessitée pour consolider ladite fondation de Robert de Guignard et de Simon, son fils, parce que leur seigneurie du Leyritz en Gâtinais ne relevait que de la Tour du Louvre, ainsi qu'on l'a déjà dit au premier degré de cette filiation. Simon de Guignard, Chevalier et Cheftaine de huit-vingt lances, est mentionné comme Seigneur de Samois dans un dénombrement pour la chambre des comptes, en l'année 1353. Il ne vivait plus en l'année 1362, comme il appert des registres de convocation pour le ban et l'arrière-ban du Sennonais en ladite année.

IIIe Degré. — Loys de Guignard, Chevalier, Seigneur de Samois, du Leyritz et autres lieux au pays de Gâtinais. Il est mentionné parmi les *respondables* à la convocation du ban de la noblesse pour l'année 1362, en qualité de Bachelier-ès-armes, comme y devant le service personnel et féodal, à titre de Seigneur de Samois et du Leyritz, et devant mener à *l'ost du Roy troix Escuyers Nobles et unze gents de traict pour y guerroyer soubs la banniesre du grand Baillif de Sens.* On voit dans l'Histoire de Bourgogne par D. Plancher, que lorsque le même Loys de Guignard comparut à la montre qui eut lieu à Dijon à la fin de l'année 1367, il n'était assisté que de deux écuyers, ce qui résultait sûrement *de ces formidables et carnagieuses guerres de Bourgogne,* ainsi que les appelle Monstrelet.

Il appert de la généalogie de l'ancienne maison de Léobard, dont une branche de la maison de Durfort est devenue l'héritière, et laquelle généalogie avait été rédigée par Samuel Guichenon, que Loys de Guignard mourut en l'année 1393, et que de son mariage avec Alice de Léobard, il avait eu le fils qui suit. Alice de Léobard était fille de Hugues de Léobard, Chevalier, Baron de Château-Vieux en Bresse, Chevalier de la religion sacrée des Saints-Maurice et Lazare de Savoye, etc., et de sa seconde femme Marguerite de Lucinge. (*Voyez* généalogie de la maison de Faucigny, dans la deuxième édition de l'Histoire de Bresse et Bugey, page 714, au supplément du troisième livre.) On voit également dans cette généalogie que ladite Marguerite de Léobard, femme de Loys de Guignard, Seigneur de Samois, était l'arrière-grand'tante d'Hercule-René de Léobard, Baron de Bréon, du Chastelard et de la Pallu, Doyen de l'Ordre de Saint-Maurice et Grand Chancelier de Savoye, de qui la mère était Isabelle Lascaris des Empereurs d'Orient.

IV° DEGRÉ. — HUGUES DE GUIGNARD, Écuyer, Seigneur du Mas-sur-Yonne, lequel avait sans doute été prénommé, suivant l'usage du temps, par Hugues de Léobard son aïeul maternel. Il était né peu de temps avant la mort de son père, ainsi qu'il appert des lettres de grâce qui lui furent accordées par le Roi Charles VI et qui sont datées de Pontoise au mois de juillet 1419, car on y voit qu'il était pour lors âgé de vingt-six ans. On voit également par ces lettres de rémission que Loys de Guignard, son père, avait laissé une fille appelée Guillemette, laquelle avait épousé Guillaume Le Bastard, Seigneur d'Arcy, qu'on trouve qualifié Gouverneur de Saint-Jean-de-Lône, et l'un des Écuyers porte-glaive du Duc de Bourgogne, dans un rôle de l'année 1422. Il appert également de la même charte, que ledit Hugues de Guignard s'était rendu *furtif en redoublant rigueur de justice, parcequ'il avoit occis avec l'assistance de deux siens varlets,* en la ville de Coulanges-sur-Yonne, les deux frères Jehan et Pierre de Saugéost, parce qu'ils avaient insulté sa sœur, la Dame d'Arcy. Le Roi voulant bien considérer que le requérant avait *despendu la meilleure partie de sa chevance,* c'est-à-dire de son patrimoine et ses héritages, en faisant la guerre au pays de Bourgogne et autres lieux pour le profit et l'honneur français, lui octroya ces lettres de grâce et d'absolution royale, à la condition qu'il se tiendrait en prison pendant un mois, pour y jeûner *au pain et à l'eau,* et qu'ensuite il irait à pied, faire un pèlerinage à l'église de Notre-Dame de Puy-en-Velay, à l'intention d'y solliciter le repos de l'âme des deux frères de Saugéost, trépassés par sa faute; et de plus il est à remarquer que les deux valets meurtriers se trouvent dénommés dans la même charte et compris dans le même acte de rémission que leur maître, Hugues de Guignard. Par une cédule absolutive du 4 août 1422, il est affranchi de la pénitence publique à laquelle il avait été condamné pour le meurtre de Messire Antoine de Meliand, Chanoine d'Auxerre, lequel avait usurpé son manoir seigneurial du Mas-d'Yonne, en essayant de *s'y défendre et de s'y maintenir à grand force de gents d'armes et contre le bon droict, tandis qu'il estoit en pays loingtain pour y guerrouvrer moult honorablement.* Ladite sentence étant délivrée par Messire Denys du Peschier, Grand Archidiacre de la cathédrale de Sens, Métropole d'Auxerre, et sur appel du condamné par devant l'officialité primatiale de Sens qui devait prononcer en dernier ressort entre le tribunal ecclésiastique d'Auxerre et le *posvre escuyer dez-pourvu.* La même sentence d'absolution canonique mentionne la femme de Hugues de Guignard qui s'y trouve nommée Très Noble

Dame Geneviève d'Amanjeu, Chatelaine d'Arbonne, en partie, laquelle était la troisième fille de Jacques d'Amanjeu, Baron de Milly et Seigneur d'Arbonne en Biesme, dont la femme avait été Michelle de Melun, Dame d'Arbonne et de Lahire en Auxerrois. Marie sœur aînée de Geneviève d'Amanjeu, femme de Hugues de Guignard, avait été fiancée d'abord avec Henry de Villars, neveu du Pape Clément VII, et ensuite prit alliance avec Guy de Mareuil, Maréchal de Bourgogne. Luce d'Amanjeu, seconde fille du Baron Jacques, était Abbesse de Château-Châlons, en l'année 1424. Entr'autres enfants, il était provenu du mariage de Hugues avec Geneviève d'Amanjeu, les deux fils qui suivent.

1°. Jean de Guignard, fils aîné, dont l'article suivra celui de son frère.

2°. Germain de Guignard, Écuyer, qui comparut au mois d'avril 1491, à la montre de l'arrière-ban des nobles du bailliage de Sens, commandés par Aubert de Laval, grand Baillif d'épée du Sennonais et du Gâtinais. On a de lui un acte d'aveu daté de la veille de Noël en l'année 1496, pour la co-seigneurie du Mas-sur-Yonne qu'il possédait en indivis avec Jean, son frère, et qui était le seul domaine dont ils eussent hérité de leurs ancêtres, après la généreuse conduite ou depuis les profusions de Hugues, leur père, et de leur aïeul, Loys de Guignard, Seigneur de Samois, du Leyritz et de Fontaigu.

Vᵉ Degré. — Jean de Guignard, Iᵉʳ du nom, Écuyer, Co-seigneur du Mas-sur-Yonne et d'Arbonne, lequel rend hommage au Roi Charles VIII dans le même acte d'aveu que Germain, son frère puîné, en l'année 1496 et à la Vigile de Noël, ainsi qu'il est marqué ci-dessus : c'est pour leur seigneurie du Mas, qui n'était qu'un arrière-fief ou démembrement de leur ancien domaine de Samois. On sait qu'il était devenu possesseur de la Co-seigneurie d'Arbonne en Biesme, en sa qualité de petit-fils de Jacques d'Amanjeu Baron de Milly et Seigneur dudit lieu d'Arbonne. On trouve dans les pièces justificatives pour les généalogies de le Lyeure et de Bragelogne que Jean de Guignard avait épousé Nicole Bartillon, fille de Louis Bartillon, Trésorier de France, et de Noble Gervaise le Gallois. Nicole Bartillon portait *d'azur au lion d'or, écartelé de gueules à la croix d'or, à l'écu fretté de sable et d'argent, mis en abîme*. On y voit aussi qu'une nièce de Nicole, qui s'appelait Michelle Bartillon, avait épousé Bertrand le Lyeure, Seigneur de Ladmirault, Grand-Sénéchal et Chancelier de la Reine Marie Stuart, alors Dauphine de France, et qu'elle avait plaidé contre les cohéritiers de sa tante afin d'opérer sur eux le retrait d'un hôtel et d'un vaste terrain sis à Paris dans la mouvance et seigneurie du fief Vivien. Jean de Guignard avait eu le fils qui suit.

VI⁰ Degré. — Jean de Guignard, II⁰ du nom, Écuyer, Seigneur d'Arbonne en Biesme et Co-seigneur d'Oncy en Gâtinais. Il fit acte d'aveu pour ladite seigneurie d'Arbonne en 1525, le vingt-trois janvier, et prêta foi et hommage-lige à Messire Louis de Vendôme, Vidame de Sens, Châtelain de Roches en Sennonais, et haut-Baron de la terre de Milly, qui dominait féodalement le fief d'Arbonne. Jean II avait épousé, vers le commencement du XVI⁰ siècle, Anne-Marguerite d'Aulnoy, dont les armoiries étaient *d'or au chef de gueules, à l'écu de Montmorency en franc-quartier,* comme elles se trouvent blasonnées dans tous les nobiliaires et comme on les voyait en l'église paroissiale d'Arbonne ; ce qui témoigne assez qu'elle était issue de la très ancienne et très noble maison d'Aulnoy qui se trouve éteinte aujourd'hui. Entre autres enfants de ce mariage, il était provenu le fils qui suit.

VII⁰ Degré. — Jean de Guignard, III⁰ du nom, Écuyer, Seigneur d'Arbonne et d'Oncy, lequel prêta foi et hommage pour lesdites Seigneuries, par acte d'aveu du seize mai 1543. Il fut inscrit au nombre des Nobles qui furent convoqués sous la présidence du célèbre Christophe de Thou, pour la réformation de la Coutume de Melun, en l'année 1558, et l'on voit qu'il signa le procès-verbal de cette assemblée qui réduisit et rédigea définitivement ladite coutume, en 1560, ainsi qu'il est marqué dans le tome 1ᵉʳ des *Coutumes de France et des Gaules par Charles de Moulin.* Jean III avait épousé en premières noces Michelle de Bethemont, dont on n'est pas suffisamment instruit de l'ascendance, mais dont les armoiries étaient *de sable aux trois ancolies d'argent, parti d'or à la fasce crénelée d'azur.* C'est du premier mariage de Jean III avec Michelle de Bethemont qu'était provenu Jean IV de Guignard, grand Louvetier d'Auxerrois, qui continua la branche aînée des Seigneurs d'Arbonne, éteinte en 1680, dans la personne de Pierre de Guignard, Seigneur d'Arbonne, de Sceaux et de Méry, qui avait pris alliance avec Marie de Moesant, et qui mourut sans postérité légitime. Le Premier Président de Salvaing de Boissieu rapporte, en son *Traité de l'usage des fiefs,* page 295 et suivantes, une contention qui s'éleva pour la franchise de la seigneurie d'Arbonne, après la mort de Pierre de Guignard, entre Henry d'Argouges, Marquis de Rasnes, et Guillaume Languet, Baron de Milly. Tout ce qu'il importe à considérer dans le même rapport de ce docte Magistrat, c'est que Jean de Guignard, dont il est question dans le présent article, était en possession, comme seigneur d'Arbonne, de tous les droits féodaux, justiciers et fonciers, sans division ni mélange d'aucune autre autorité que la sienne sur toute l'étendue du même domaine, aussi bien que dans *l'église seigneuriale et paroissiale d'Arbonne, où les armes des Guignard, précédens Seigneurs, étoient gravées en lieu éminent, et* *dans laquelle église* ils avaient toujours possédé les honneurs d'un *banc relevé par-dessus les autres.* Après la mort de Michelle de Bethemont, sa première femme, Jean III épousa Très Noble et Puissante Damoiselle Françoise de Meung, Dame de Saint-Martin en Biesme, laquelle était fille de T. N. et Puissant Seigneur, Messire Annibal-Antoine de Meung des Sires de la Ferté, Chevalier de l'ordre du Roi, Baron de Thil-en-Michaille et de Croant, Capitaine de cent hommes d'armes des Ordonnances de S. M., etc., et de T. N. et Puissante Dame Agnès de la Rivière-Thibouville. (*Voyez* généal. de Meung, dans les manuscrits de Dufourny.) Françoise de Meung vivait encore en l'année 1597, et l'on voit que, de son mariage avec Jean de Guignard, Seigneur d'Arbonne, elle avait laissé Jean V qui va suivre.

VIIIe Degré. — Jean de Guignard, V^e du nom, Écuyer, Seigneur de Saint-Martin en Biesmes et de Bellevue-sur-Saône, lequel était frère puîné de Jean IV à qui fut dévolu le fief patrimonial d'Arbonne en Gâtinais, comme étant le domaine et le manoir principal qui devait lui revenir à raison de son droit d'aînesse. Jean V épousa par contrat passé à Lyon, le 14 juillet 1602, Noble Damoiselle Suzanne du Pin, dans lequel contrat il est qualifié Conseiller du Roi, Commissaire et Contrôleur général pour la répartition des tailles et capitations du Lyonnais; commission royale absolument gratuite et de pure confiance, laquelle était noblement exercée à la même date et dans les provinces les plus voisines, à savoir, en Dauphiné par le Commandeur de Lapoype, en Autunois par le Marquis de Tavannes, et en Provence par le Chevalier de Grignan. Il appert du même contrat que Jean V de Guignard était fils cadet de Jean, Seigneur d'Arbonne et de Françoise de Meung. Suzanne du Pin, sa femme, était la sœur d'Irénée du Pin, Seigneur de Maugis et trésorier de la Basilique Primatiale de Saint-Jean, lequel avait épousé Marcelle de Villeneuve et s'armait d'un *Pin de synople issant d'un terrail du même en champ d'argent mi-parti d'or.* Du mariage de Jean V avec Suzanne du Pin, furent issus les trois enfants qui suivent.

1°. Jacques-Timoléon de Guignard, qui prit le parti d'entrer dans la magistrature, et dont on va donner l'article après avoir parlé de ses deux frères puînés.

2°. Denys-François de Guignard, Aumônier et Conseiller du Roi Louis XIII, et l'un des maîtres de son oratoire, Abbé Commendataire et Seigneur de Locdieu, Prieur de Saint-Martin de Niort et de Saint-Pierre d'Ennemont en Bugey, Prédicateur ordinaire et Trésorier-général de la Reine-Régente Anne d'Autriche, etc. On voit sur le tableau des économats abbatiaux qu'il vivait encore en l'année 1690.

3°. **Philippe-Marie de Guignard**, Chevalier, Seigneur de Laleux en
Forez et de Salmade en Beaujolais, Maréchal des camps et armées,
Gouverneur de Turin pour le Roi Louis XIII, et de Courtray pour le
Roi Louis XIV. Il mourut de ses blessures à la suite du combat de
Guiers en Savoie. (*Voyez* son éloge dans Chorier, *État politique du
Dauphiné*, tome III, page 307; dans la *France illustre*, page 630, et
dans l'*Histoire de la Monarchie française*, par Rieucourt, page 314.)

IXe Degré. — **Jacques Timoléon de Guignard**, Chevalier, Vicomte
de Saint-Priest en Viennois, Seigneur de Bellevue-sur-Saône, des
Granges-le-Chastel, de Saint-Symphorien-sous-Saint-Priest, de la
Dosnière, de Valnoble et autres lieux, Conseiller du Roi Louis XIV
en tous ses Conseils, Président en sa Cour des Aides Viennoises et
Delphinoises, et depuis Président à Mortier en sa Cour de Parlement
séante à Metz. Il était né à Lyon le 14 août 1604, et ce fut en rémunération de ses bons offices ainsi que des services de ses ancêtres, *tant
dans les armes que dans les conseils*, que le Roi Louis XIV érigea pour
lui la Seigneurie Haute-Justicière de Saint-Priest en dignité Vice-Comi-
tale, avec cette insigne distinction, qu'elle en pourrait conserver la
titulature avec les rang, honneurs, prérogatives et prééminence
accordées par les lettres d'érection susdites, même en supposition
que ladite Seigneurie pût aboutir et tomber en d'autres mains que
celles du titulaire actuel et ses héritiers masculins. La même terre de
Saint-Priest en Viennois avait été possédée le plus anciennement par
Richard Sire de Saint-Priest, qui vivait en 1260, et puis par Hum-
bert Sire de Saint-Priest, qui mourut en 1369 et qui fut garant de la
trêve conclue à Romans, par acte solennel du 21 avril 1356, entre
les hauts-Barons de Clermont et de la Tour-de-Vinay, lequel acte est
également cautionné par Aymard de Poitiers Comte de Valentinois,
Régent du Dauphiné, et lequel acte se trouve rapporté *in extenso* dans
les protocoles de Pilati. Il en appert que la même Seigneurie de Saint-
Priest avait toujours été un domaine assez considérable en territoire,
en droits utiles et en priviléges honorifiques pour communiquer à ses
possesseurs un rang très distingué parmi les grands vassaux dauphinois.
Jacques-Timoléon, Vicomte de Saint-Priest, avait accepté la Prévôté
des Marchands de Lyon, à laquelle étaient annexés la régence admi-
nistrative et le commandement civil de cette grande et puissante ville.
C'était, comme on sait, une sorte de magistrature élective à la nomina-
tion des Notables, une charge gratuite et même onéreuse, une fonction
de pure édilité, mais dont un des priviléges était de conférer la
Noblesse héréditaire à la famille ainsi qu'à la personne de l'élu, quand
il était roturier; ce qui n'empêchait aucunement que cette fonction
ait été exercée par les plus nobles et les plus anciennes familles du
Lyonnais, ainsi qu'on pourrait en citer d'autres exemples antérieurs

et postérieurs à l'élection du Vicomte de Saint-Priest en 1653. Sa régence prévôtale a laissé dans cette ville un long et profond souvenir de gratitude et de respect. C'est à lui que le Présidial de Lyon devait l'agrandissement de sa juridiction qu'il avait fait réunir à l'autorité consulaire. Ce fut lui qui découvrit, mit en lumière, et fit placer sous le portique du palais municipal, les deux tables de bronze antique où se trouve gravée la harangue de l'Empereur Claude en faveur des Lyonnais. La reconnaissance de ses administrés se manifesta par une inscription lapidaire, érigée sous le péristyle du même Hôtel-de-Ville, afin d'attester que c'était à son zèle et à sa munificence éclairée qu'on devait la construction, l'achèvement et la décoration de ce grand monument.

Jacques-Timoléon fit alliance, en 1641, par contrat du 17 juin de la même année, avec Très Noble Damoiselle FRANÇOISE DE MARIDAT, Dame de Valnoble, laquelle était fille de Messire Jean-Charles de Maridat, Écuyer, Seigneur des Ampuits, de Valnoble et de Chaumont-le-Dauphin, Conseiller du Roi en sa grande amirauté de France, etc., et de Très Noble Dame FRANÇOISE DE SERVIÈRES DE LA BASTIE DE CASTELNAU, dont l'aïeule était Dona MARIA GRIMALDI des ducs de Gênes, et dont le frère Antoine de Servières était Patriarche d'Antioche, Camérier secret du Pape Urbain VIII, et pro-Légat du Saint-Siége Apostolique auprès de l'Empereur Ferdinand III en l'année 1655.

Jacques-Timoléon mourut en 1673, ayant eu de son mariage avec Françoise de Maridat :

1°. PIERRE-EMMANUEL, Vicomte de Saint-Priest, dont l'article va suivre.

2°. CAMILLE DE GUIGNARD DE SAINT-PRIEST, Abbé Commendataire et Seigneur de Belville en Beaujolais.

3°. FERDINAND-LOUIS DE GUIGNARD, Chevalier, Baron de Jons et tige de cette branche éteinte en la personne d'Angélique-Marie de Guignard de Jons, Chanoinesse du Noble chapitre de Montfleury, diocèse de Grenoble. (*Voyez* la *France chapitrale,* page 375, et l'*État général de la France,* par Waroquier, tome 1er, page 527.)

4°. JEAN-FRANÇOIS DE GUIGNARD, Seigneur de la Dosnière, duquel il est fait mention dans le contrat de mariage de Marie sa sœur.

5°. ANNE DE GUIGNARD DE SAINT-PRIEST, Damoiselle de Bellevue, laquelle était morte avant l'année 1675.

6°. MARIE DE GUIGNARD DE SAINT-PRIEST, qui épousa, par acte du 27 août en ladite année 1675, Messire Jean Croppect, Écuyer, Seigneur de Saint-Romain-de-Coson, de Valorcines et de Festerne en Chablais, lequel était neveu du Bienheureux Jean Croppect, Archevêque de Césarée.

Xe Degré. — Pierre-Emmanuel de Guignard, Chevalier, Vicomte de Saint-Priest en Viennois, Seigneur des Granges-le-Châtel, Saint-Symphorien, Coleymier, Saint-Jean, Saint-Germain-sur-Bresle et autres lieux, Conseiller du Roi en son Parlement de Dauphiné, et Doyen de ladite Cour souveraine. Il épousa par contrat du 21 février 1678, Haute et Puissante Damoiselle Angélique-Jeanne de Rabot de Veyssilieu, fille de Messire Jean-Michel-Archange de Rabot de Veyssilieu, Chevalier, Seigneur de Veyssilieu, d'Auriac, de Buffières et de Croissia, Conseiller du Roi en tous ses conseils et son premier Avocat royal et général en son Parlement de Grenoble, et de H. et P. Dame Anne de Regnard d'Avançon, Dame de Briseul et de Surgy. On voit qu'après la mort d'Angélique de Rabot de Veyssilieu, il avait épousé en 710, Jeanne-Marie de Fay, Dame et Baronne de Peyraud en Gévaudan, laquelle était de mêmes famille, armes et nom que Jean-Hector de Fay, Comte de la Tour-Maubourg et Maréchal de France. Pierre-Emmanuel, Vicomte de Saint-Priest, rendit hommage au Roi-Dauphin par aveu du 9 avril 1674, et testa par acte daté du 1er février 1702. Il n'avait eu que les quatre enfants qui vont suivre, et qui étaient sortis de son premier lit.

1°. Denys-Emmanuel, qui continuera la filiation.

2°. François de Guignard de Saint-Priest, Chevalier, qui suivit la profession de ses premiers ancêtres, et qui mourut à l'armée pendant les guerres de la succession. Il était encore mineur en l'année 1702, ainsi qu'il appert du testament de son père.

3°. Pierre de Guignard de Saint-Priest, qui se trouve également nommé dans le testament de Pierre-Emmanuel, à titre de légataire pour ses domaines de Coleymier, de Saint-Jean-des-Vignes et de Saint-Germain-sur-Bresle en Lyonnais.

4°. Françoise-Emmanuelle de Guignard de Saint-Priest, laquelle avait épousé Messire Honoré de Briançon, Comte de Varces, duquel mariage il ne provint qu'un fils avec qui s'éteignit cette ancienne et très noble maison qui s'était alliée directement avec les Dauphins de la race de Bourgogne, à qui elle avait cédé la suzeraineté du pays briançonnais.

XIe Degré. — Denys-Emmanuel de Guignard, Chevalier, Vicomte de Saint-Priest, Seigneur des Granges-le-Chastel, Saint-Symphorien, Veyssilieu, Surgy, Croissia, Buffières et autres lieux, Conseiller du Roi en tous ses conseils, et Président à Mortier en sa cour de Parlement séante à Grenoble. Il épousa par contrat du 6 janvier 1703, Haute et Puissante Damoiselle Catherine de Lescot de Chasselay d'Assieu, fille de Messire Jean-François-Julien de Lescot de Chasselay, Chevalier,

Baron d'Assieu, Seigneur de Chasselay, de Surieu, de Vernes, de Saint-Prien, d'Ornampilles et de Boscarat, Président au Parlement de Dauphiné, et de H. et P. Dame CATHERINE DE MANISSY DE FERRIÈRES, Dame Châtelaine et patronne de Rives et de Bressac. Le Président de Saint-Priest mourut en 1729, à Grenoble où ses funérailles furent célébrées avec une grande magnificence. On voit dans la nomenclature des ouvrages du Père Ledieu, que ce fut lui *qui fut chargé par Nosseigneurs du Parlement de composer et proférer l'oraison funèbre de cet illustre défunt.* Denys-Emmanuel avait souscrit et scellé son testament le 7 février 1707, et il laissa les deux enfants qui suivent.

> 1°. JEAN-EMMANUEL, qui continue la postérité.
>
> 2°. MARIE-ANGÉLIQUE DE GUIGNARD DE SAINT-PRIEST, qui prit alliance avec PIERRE-EMMANUEL DE GUIGNARD DE JONS, lequel était fils de Ferdinand de Guignard, Baron de Jons, troisième enfant de Jacques-Timoléon Vicomte de Saint-Priest, et lequel Ferdinand fut l'aïeul de Joseph-Aymard de Guignard de Jons, reçu sur preuves de neuf générations de noblesse chapitrale, établies et vérifiées en 1745, Chanoine Comte du très Noble et Insigne Chapitre royal de Saint-Pierre et Saint-Chef de Vienne en Viennois. Il avait eu pour frère Henry-Gabriel de Guignard de Jons, Brigadier des armées royales et Chevalier des ordres militaires et hospitaliers de Notre-Dame du Mont-Carmel et Saint-Lazare de Jérusalem, Nazareth et Bethléem, en 1753.

XIIe DEGRÉ. — JEAN-EMMANUEL DE GUIGNARD, VIe du nom de JEAN, Chevalier, Vicomte de Saint-Priest, Seigneur des Granges-le-Châtel, de Veyssilieu, de Lignet, de la Dosnière, de Chasselay, Moras, Panossar, Bressac et autres lieux, Président au grand conseil de Sa Majesté, et son Intendant en la généralité des haut et bas Languedoc, Pays de Velay, province de Vivarais, Albigeois, Gévaudan, Quercy, Cévennes et Rouergue. Le Maréchal de Richelieu écrivait à Voltaire en 1770 : « La hauteur ou la dureté de Mgr votre intendant vous rend injuste pour tous les autres. Apprenez que j'ai connu quatre intendants qui étaient de véritables gentilshommes, et qui avaient trouvé « le moyen, tout en faisant supérieurement bien les affaires du Roi, de « se faire adorer, bénir et glorifier dans leurs provinces; c'étaient « MM. de Lamoignon en Dauphiné, Saint-Priest en Languedoc, « Nicolaï en Picardie et Turgot en Limousin. » Il est certain que l'administration du Vicomte de Saint-Priest fut prospère et paternelle, ainsi qu'on peut en juger d'après les procès-verbaux et la délibération de *Nosseigneurs les États de Languedoc* qui députent vers lui pour en obtenir *la faveur de porter Monsieur son fils sur les saints fonts du Baptême, et de permettre qu'ils ajoutent à ses noms celui de leur province, en témoignage de la vénération qu'on y conser-*

vera pour le nom de Saint-Priest, éternellement. La renommée de ce grand Magistrat et la reconnaissance publique nous sont encore attestées par les inscriptions qui lui furent décernées à Montpellier, à Nismes, à Narbonne, ainsi que par les chansons populaires à l'occasion des immenses travaux qu'il avait fait exécuter dans le Haut-Languedoc, les Cévennes et le Gévaudan.

> Qu'ès Mounseignor dé Saint Pry
>   Q'entrépry
> Dé perça dins las mountagnes,
> Al proufit de noz campagnes,
> Tous ces bels caminz apers
>   Larg' ouvers
> D'Albenaz iouqu'à Pradèle
> De Privaz à la Balmèle, etc.

Un des hameaux de Louvèze auprès d'Aubenas avait été entièrement consumé par un incendie. Le Comte de Vogué, Baron d'Aubenas et des États de Languedoc était alors prisonnier de guerre, mais le Vicomte de Saint-Priest fit rebâtir à ses propres dépens, et dans son entier, le même village. Aussitôt après son échange et son arrivée dans ce domaine, le Comte de Vogué s'empressa d'y faire ériger cette noble et généreuse inscription :

> La flamme avait détruit ces lieux,
> Saint-Priest les rétablit par sa munificence;
> Que ce marbre à jamais serve à tracer aux yeux
> Le Malheur, le Bienfait et la Reconnaissance [1].

Jean VI avait épousé par contrat passé à Grenoble en date du 11 mai 1731, Très Noble Damoiselle LOUISE-JACQUELINE-SOPHIE DE BARRAL DE MONTFERRAT DE SAINT-AULPRÉ, fille de Messire Joseph de Barral, Chevalier, Marquis de la Bastie d'Arvillars, Seigneur de Montferrat en Viennois, de Lafférière et autres lieux, Président au Parlement de Dauphiné, etc., et de T. N. Dame MARIE-FRANÇOISE LE BLONDEL DE SISSONNE. Le même Jean VI avait fait réunir et établir pour ses deux fils les preuves nécessaires à leur réception dans l'ordre de Malte, lesquelles preuves de Noblesse furent chapitralement vérifiées et adoptées par les Commandeurs et Chevaliers Commissaires de l'Ordre au Grand-Prieuré de Saint-Gilles en Langue de Provence, en l'année 1752. Jean-Emmanuel Vicomte de Saint-Priest, avait eu de son mariage avec Louise de Barral,

1°. MARIE-JOSEPH DE GUIGNARD, Chevalier, Vicomte de Saint-Priest, Comte de Ferrières et de Rogermonts, Seigneur de Veyssilieu, de

---

[1] Il appert d'une lettre provenant de la collection d'autographes du Marquis de Château-giron, que l'auteur de ces vers était le Baron de Florian, gentilhomme Languedocien, et père du Chevalier de Florian, membre de l'Académie française.

Moras, Panossar, Bressac, Surgy, la Dosnière et autres lieux, Premier Écuyer-Tranchant-Royal de France, Porte-Oriflamme et Cor-
nette-Blanche de la Couronne, Mestre de camp de cavalerie, ancien
Colonel du régiment de Saint-Priest, etc. Il a péri sur un échafaud révolutionnaire, en punition de sa fidélité courageuse et de son dévouement
pour la famille Royale pendant l'affreuse journée du 20 juin. Il avait
eu pour toute postérité, de son mariage avec MARIE-JULIE DE MANISSY,
Comtesse de Ferrières et seule héritière de sa maison,

> A. SOPHIE DE GUIGNARD DE SAINT-PRIEST, Marquise de Saint-Juéry en
> Albigeois.
>
> B. EMILIE-FRANÇOISE DE GUIGNARD DE SAINT-PRIEST, Comtesse de Manissy
> et Chanoinesse de l'ordre souverain de Saint-Jean de Jérusalem de Malte.
>
> C. PAULINE-ADÉLAÏDE DE GUIGNARD DE SAINT-PRIEST, Comtesse de Saint-
> Ferréol et de Sommerive.
>
> D. CHARLOTTE-ANASTASIE DE GUIGNARD DE SAINT-PRIEST, Baronne de Mas-
> clary, Dame de Moras en Bresse, etc.

2°. FRANÇOIS-EMMANUEL, qui continua la postérité masculine.

3°. CHARLES-ANTOINE-FULCRAND-EMMANUEL-LANGUEDOC DE GUIGNARD DE
SAINT-PRIEST, Chevalier de Justice et profès de l'ordre Militaire et
Hospitalier de Saint-Jean de Jérusalem de Malte, Commandeur et
Seigneur de Saint-Christol en Provence, Capitaine des Galères de la
Religion de Malte, etc. Il avait été tenu sur les fonts Baptismaux et
nommé Languedoc par les États de cette province, et pendant l'émi-
gration de la Noblesse française, il avait reçu la clef de Chambellan
de l'Empereur Léopold. Le Commandeur de Saint-Priest, ancien
officier supérieur de dragons au service de France et Chevalier de
l'ordre de Saint-Louis, est mort en Autriche à la fin de l'année 1796.

4°. JEANNE-MARIE-EMILIE DE GUIGNARD DE SAINT-PRIEST, mariée à Messire Thomas de Bocault, Seigneur de Jacon, de Teyran, Clapiers,
Castelnove, et d'abord Chevalier de l'ordre de Malte, ensuite Président
à la Chambre des Comptes et Cour des Aydes de Languedoc.

5°. MARIE-JEANNE-SOPHIE DE GUIGNARD DE SAINT-PRIEST, femme de Messire JULES-ALEXANDRE DE LAUNAY D'ENTRAGUES, Comte d'Entragues et
de la Balme en Velay.

6°. MATHURINE-JULIE DE GUIGNARD DE SAINT-PRIEST, laquelle épousa
Messire ANGE DE DAX, Marquis d'Axat et Vicomte de Castelnau
d'Avirade.

7°. MARIE-XAVIÈRE DE GUIGNARD DE SAINT-PRIEST, qui prit alliance avec
Messire FRANÇOIS-HIPPOLYTE D'ORTAFFE DE LANSAC, Marquis du Vyvier,
Comte de Lansac et Baron de Claretz.

XIIIe DEGRÉ. — FRANÇOIS-EMMANUEL DE GUIGNARD-SAINT-PRIEST,
deuxième fils de Jean VI et de Louise de Barral, dont le fils aîné,
Marie-Joseph, avait épousé l'héritière de la maison de Manissy, et

n'avait laissé que les quatre filles mentionnées à son article. Soigneusement élevé chez les Jésuites, sous les yeux du Cardinal de Tencin, Archevêque de Lyon et du vénérable Bailly de Tencin, Grand Prieur de Malte, ses deux oncles maternels, ledit François-Emmanuel avait été reçu Chevalier de justice et de minorité dans l'ordre de Malte en 1752; mais il ne persista pas dans les obligations du même ordre et n'y proféra pas ses vœux, afin de pouvoir se marier parce que son frère aîné n'avait pas eu d'enfants mâles. Devenu l'héritier futur de leur famille, il est qualifié successivement dans les archives de l'État et les papiers de sa maison, Comte de Saint-Priest, Exempt des Gardes du corps de Sa Majesté, Colonel, Grand-Maréchal des logis de l'armée française en Espagne, Maréchal des camps et armées de S. M., Lieutenant-Général de ses armées, Envoyé extraordinaire et Ministre plénipotentiaire du Roi Louis XV à la cour de Portugal, Ambassadeur de France à la Sublime Porte, et depuis Ambassadeur du Roi Louis XVI auprès de Leurs Hautes Puissances les États-généraux de Hollande, Ministre et Secrétaire d'État aux départements de l'intérieur et de la Maison du Roi, Staroste et Magnat au grand duché de Lithuanie, Chevalier des Ordres impériaux de Saint-André de Russie et Saint-Alexandre Newski.

Relativement à la capacité supérieure, à l'intégrité du caractère, au dévouement sans bornes et à l'inébranlable fidélité du Comte de Saint-Priest, il est à considérer que les écrivains les plus opposés dans tous les partis se sont toujours accordés dans les jugements qu'ils ont portés sur son compte, et l'on peut vérifier qu'il n'existe aucun auteur de Biographies, démocratique ou non, qui n'ait rendu pleine justice à son éclatant mérite et à ses hautes vertus.

Obligé de quitter la France en 1791, il se retira d'abord à Stockholm auprès de son beau-frère, le Comte de Ludolph, Ambassadeur Impérial et germanique en Suède. Il séjourna pendant quelque temps à la cour de Russie de laquelle il avait déjà reçu, entre autres marques d'estime et de distinction signalée, l'Ordre de Saint-André, ce grand Ordre impérial, que Voltaire appelle *la Toison d'or des Slaves et du Septentrion*. Ensuite il rejoignit à Blankenbourg le Roi Louis XVIII, et fut accrédité par lui auprès de l'Empereur Paul, en qualité de Secrétaire d'État de Sa Majesté Très Chrétienne. Enfin le Comte de Saint-Priest revint en France à l'époque de la Restauration; il fut promu à la Pairie, par ordonnance du 17 avril 1815, et mourut dans un ancien domaine de sa famille, auprès de Lyon, le 26 février 1821. Il a laissé des mémoires inédits qui comprennent toute sa carrière militaire, politique et diplomatique; on pourra trouver tous les détails qui le concernent et qu'on est forcé d'omettre ici, dans l'article SAINT-PRIEST, tome XL de la *Biographie universelle*, ainsi que dans son Éloge par le Comte de Sèze, à la Chambre des Pairs, lequel éloge, écrit et proféré par le Défenseur de Louis XVI, est inséré dans le *Moniteur universel* du 14 juin 1821.

Le Comte de Saint-Priest avait épousé, pendant son ambassade à Constantinople, au mois d'octobre 1774, Nobilissime et Illustrissime Constance-Guillelmine de Ludolph, Comtesse du Saint Empire et Dame de l'Ordre Souverain de Saint-Jean de Jérusalem de Malte, fille d'Excellentissime et Nobilissime Seigneur et Comte du Saint Empire Romain, Guillaume de Ludolph, Ambassadeur de Naples à la Porte Ottomane, etc., duquel mariage de François-Emmanuel il est provenu six enfants qui suivent.

1°. Guillaume-Emmanuel de Guignard-Saint Priest, Vicomte de Saint-Priest, Lieutenant-Général au service impérial de Russie, Aide de Camp général de l'Empereur Alexandre, Chevalier de ses ordres de Saint-Alexandre Newski, Wladimir, Sainte-Anne, etc., commandant le huitième corps de l'armée russe en Champagne en 1814, blessé mortellement à l'attaque de Reims, et décédé quelques jours après sans avoir été marié. (*Voyez* son éloge historique dans la *Biographie universelle*, vol. xl.)

2°. Armand-Emmanuel-Charles de Guignard-Saint-Priest, devenu chef des noms et armes, et dont l'article va suivre.

3°. Emmanuel-Louis-Marie, chef de la branche d'Almazan, qu'on va mentionner à son rang de filiation.

4°. Constance de Guignard-Saint-Priest, Marquise d'Inguibert-Saint-Victor, morte en 1817.

5°. Anastasie-Emmanuelle de Guignard-Saint-Priest, Marquise de Dax, etc.

6°. Pulchérie de Guignard-Saint-Priest, Marquise de Calviere.

XIVe Degré. — Armand-Charles-Emmanuel de Guignard-Saint-Priest, Comte de Saint-Priest, Pair de France, ancien Gouverneur de Cherson et de la Podolie, Conseiller d'État-*Actuel* de l'Empereur de toutes les Russies, Chevalier de l'Ordre royal de Saint-Janvier de Naples, Grand-croix de l'Ordre impérial de Sainte-Anne, etc., fils aîné de François-Emmanuel, Comte de Saint-Priest, et de Constance de Ludolph. Il est né à Constantinople le 19 septembre 1782, et s'est marié à Pétershourg, en l'année 1804, à la Princesse Sophie Alexiewna de Galitzin, dont il est assez connu que la famille a tiré son origine des anciens Jagellons, Rois de Pologne et primitivement Ducs de Lithuanie. Sa mère était de la tribu souveraine de Géorgie, et ladite Comtesse de Saint-Priest a laissé les quatre enfants qu'on va mentionner.

XVe Degré. — 1°. Alexis de Guignard-Saint-Priest (habituellement appelé Comte Alexis de Saint-Priest) Ministre plénipotentiaire de France au Brésil, ensuite en Portugal et en Danemarck. Il a pris alliance, en 1827, avec Antoinette-Marie-Henriette de la Guiche, fille de Louis-Henry-Casimir de la Guiche, Marquis de la Guiche et Comte de Sévignon, Pair de France, etc., et d'Antoinette-Marie de Haussonville; lequel Marquis de la Guiche était resté le seul de la dernière branche de son illustre maison, et lequel est directement issu de Renaud Sire de la Guiche au XIIe siècle, de Philibert Sire de la Guiche et Grand Maître de l'artillerie de France, ainsi que de Jean de la Guiche, Comte de Saint-Géran, Maréchal de France et Chevalier des Ordres en 1619. Il est provenu de cette alliance du Comte Alexis :

    A. Armandine-Marie-Sophie, née le 21 août 1828.

    B. Élisabeth-Marie-Casimire, née le 9 avril 1832.

    C. Georges-Charles-Alexis, né le 9 décembre 1835.

2°. Emmanuel-Henry de Guignard-Saint-Priest, décédé sans avoir été marié.

3°. Olga-Marie de Guignard-Saint-Priest, mariée au Prince Basile Dolgorouki, Colonel-Aide-de-Camp de S. M. l'Empereur de toutes les Russies, etc.

BRANCHE D'ALMAZAN.

XIVe Degré.—Emmanuel-Louis-Marie de Guignard-Saint-Priest, Vicomte de Saint-Priest, Duc d'Almazan, Grand d'Espagne de la première classe, Premier Écuyer-Tranchant Royal de France et Porte-Cornette-blanche de la Couronne, Gentilhomme-d'honneur de Monseigneur, Duc d'Angoulême, et depuis Menin de Monsieur le Dauphin, Lieutenant-général des armées du Roi, Commandeur de l'Ordre Royal et Militaire de Saint-Louis, Grand-croix des Ordres Royaux de Charles III et de Saint-Ferdinand d'Espagne, Commandeur des Ordres Impériaux et Royaux de Saint-Georges de Russie, du Mérite de Prusse et de la Légion-d'Honneur, Chevalier de justice et d'honneur de l'Ordre Militaire et Hospitalier de Saint-Jean de Jérusalem, etc.

Fils puîné de François-Emmanuel Comte de Saint-Priest et de Constance de Ludolph, il est né au château royal du Louvre le 6 décembre 1789, et fut tenu sur les fonts baptismaux par le Roi Louis XVI et la Reine Marie-Antoinette d'Autriche. Il avait suivi ses parents dans leur exil, et quand il revint dans sa patrie, à l'époque de la Restauration, le Vicomte de Saint-Priest était Colonel aux Chasseurs de la Garde impériale de Russie, et passa au service de France avec le grade correspondant. Employé à l'armée d'Espagne en 1823, sous les ordres de Monseigneur, Duc d'Angoulême, en qualité de Maréchal de camp, il est assez connu que, le 14 juin de la même année, le Vicomte de Saint-Priest fit attaquer et défit complétement, dans la Cerdagne, le corps du général Mina auquel il fit sept cents prisonniers, dont un général des rebelles et plusieurs officiers supérieurs. Nommé en 1825 Ministre plénipotentiaire à la Cour de Prusse, et puis Ambassadeur de France auprès du Roi Catholique, en 1827, il a été créé Grand d'Espagne de la première classe, et Duc d'Almazan, par diplôme du mois de septembre 1830, en reconnaissance de sa conduite, porte le même diplôme, ainsi qu'en rémunération du caractère qu'il a déployé tandis qu'il séjournait auprès du Roi des Espagnes en qualité d'Ambassadeur du Roi Charles X. Le même acte royal ayant été promulgué solennellement et signifié le 7 novembre suivant à tous les Infants d'Espagne et tous les Prélats, les Grands des trois classes, les Richombres, les Gouverneurs, Conseillers et Régidors, Oïdors, Alcades, Alguazils, etc., suivant en ceci la coutume ancienne et les autres formalités qui doivent être usitées à la formation des grandesses et pour leur exaltation.

Le Vicomte de Saint-Priest avait épousé, le 30 juin 1817, à Paris, Auguste-Charlotte-Louise de Riquet de Caraman, laquelle Vicomtesse de Saint-Priest, Duchesse d'Almazan, est aujourd'hui Dame de l'Ordre Royal de la Reine Marie-Louise d'Espagne, et laquelle est fille de Louis-Charles-Victor de Riquet de Caraman, Duc de Caraman, Pair de France et Chevalier des Ordres du Roi, Lieutenant-général de ses armées, ancien Ambassadeur de France à la Cour Impériale d'Autriche, Chevalier de justice et Commandeur honoraire de l'Ordre de Malte, etc., et de Joséphine Ghislaine de Mérode-Westerloo, des Princes d'Eversberg et de Montglion.

Il est provenu du mariage d'Emmanuel-Louis-Marie :

XVe Degré. — 1°. François-Marie-Joseph de Guignard-Saint-Priest, Marquis d'Almazan, né le 11 avril 1818.

2°. Marie-Amanda, née le 20 juin 1824.

3°. Charles-Marie-Ferdinand, né le 19 janvier 1831.

DE L'IMPRIMERIE DE CRAPELET,
rue de Vaugirard, n° 9.